Marion Jana Goeritz

Wenn Schiffe wandern

Bibliografische Information der Deutschen Nationalbibliothek:

Die Deutsche Nationalbibliothek verzeichnet diese Publikation in der Deutschen Nationalbibliografie; detaillierte bibliografische Daten sind im Internet über http://dnb.dnb.de abrufbar.

Herstellung und Verlag: BoD – Books on Demand, Norderstedt

ISBN: 978-3-7528-6655-1

Herzlich Willkommen liebe Leser,

"Wenn Schiffe wandern" ein außergewöhnlicher Buchtitel, jedoch faszinierte mich dieser.

Wie ich darauf kam, nun das bleibt mein Geheimnis. Doch beim Lesen wünsche ich ihnen viel Freude.

Herzlichst

Marion Jana Goeritz

Manchmal

mahlten die Mühlen

des Lebens langsam

man erzählte sich

hielt sich liebevoll im Arm

schöne Augenblicke

manchmal

mahlten die Mühlen

des Lebens schnell

man begegnete sich

und doch erkannte man nicht

die Gedanken

ganz wo anders unterwegs

manchmal

mahlten die Mühlen

des Lebens viel zu schnell

es war ein Fluss der gebrochen

und

ein liebe Seele

zog es zum anderen Ufer

warum diese Frage

ereilte die

die zurückblieben

manchmal

standen die Mühlen still

es rauschte kein Wasser

über die hölzernen Flügel

kein Wind

sang in ihnen ihr Lied

diese Zeit
war wie ein Flügelschlag
im Sturm
und fragte sie einer
ob sie sich fand in dieser Zeit
würde sie ihm sagen
frage das noch einmal
wenn die Mühlen wieder mahlen

Mit den schönsten Farben

fliegt ein kleiner Schmetterling

über eine Blumenwiese

von Blüte zu Blüte

dabei vergisst er nie zu erzählen
aus seinem Leben

wie klein er doch wäre

und zart dazu

sein Flügelschlag braucht Kraft

die Blumen

hören ihm ganz genau zu

leise flüstern sie mit Bedacht

warum nur kleiner Schmetterling

ruhst du nicht einen Moment

du könntest dich stärken hier

bliebst du bei einer von uns
der kleine Schmetterling
aber wollte nicht
sein Herz ein Jammertal
erzählen immer wollte er nur
doch ausruhen eine Qual
da flog eine Biene summ herum
und grüßte schön
den Schmetterling
auch sie setzte sich
auf eine Blume
und begann
augenblicklich zu singen
wie schön das Leben doch so sei
so bunt und abwechslungsreich

der kleine Schmetterling jedoch
verschwand

zu schön

sang die Biene für ihn

Du

bist die Malerin deines Lebens

nur du

bestimmst die Farbe

die leuchten darf

versteckst du dich

oder gehst du mutig voran

spielst du

oder meinst du es ernst

wohnen Welten

zwischen dir und deiner Seele

oder gehst du mit ihr

Hand in Hand

das Leben

hält so viele Geschenke bereit

wenn du offen bist

die Liebe einzuladen

doch

solltest du noch Notiz nehmen
von denen

die dich genau davon

abhalten möchten

lebst du nicht

du lebst nicht dein wahres Selbst

du verpasst dich selbst

lass die bunten Farben

an deinen Lebenswänden glänzen

achte dich

und geh achtsam um

mit anderen Gefühlen

sei ehrlich und gewinne

gewinne dich

denn

es ist dein Leben

Wenn dein Traum

dich reisen lässt

mit deinem Blick übers Meer

weit in die Ferne

weiße Wolkenberge zeigen sich
am Himmelblau

hoch über den tanzenden Wellen

im Gefühl dein Traum

und ein neuer Gedanke

fragt nur noch

nach dem Wann

Sanfte Wellen
berühren den Sand
das Leben im Meer wohl bekannt
doch vieles noch im Dunkeln liegt
was sich nicht zeigt
es singt sein eigenes Lied
weit ab vom Lärm der Zeit
versteckt sich
tief unter den tanzenden Wellen
nicht einmal die Sonne
kann davon erzählen

Auf meinen stillen Wegen

war ich dir begegnet

dein Antlitz

schenkte mir Mut

den ich verloren glaubte

dein Mäntelchen

aus purem Rot

fing

meinen müden Blick schnell ein

und dieser ruhte

auf deinem Haupt

so fand ich zu mir zurück

roter Mohn

du bist so schön

Es schien

als lag ein Zauber über dem Land

die reifen Ähren

wogen sich im leichten Wind

und Kornblumen schmückten sie

roter Mohn

leuchtete in den Tag

leise sang das Kind vom Sturm
sein Lied

und sie ging spazieren

mit einem Lächeln im Gesicht

ihr Herz in Liebe

wie sonst

hätte sie so viel Schönes gesehen

Leise

fanden die Wellen an Land

Steine

blickten aus dem Sand

ihre Gesichter bunt

doch einer

war besonders schön anzusehen

ein Herz erblickte die Welt

auf der ich stand

ein Zeichen

für mich und die Welt

Niemals

möchte sie dich überholen

weil sie

ihren ganz eigenen Weg hat

niemals

kannst du sie überholen

weil du

deinen ganz eigenen Weg gehst

aber

hr könntet euch erzählen

von dem

was ihr gelernt auf euren Wegen

Durch die Zeit
gespannt ein Regenbogen
bunte Farben trägt er stolz
Seelentiefe
längst verwoben
ewiges Leben
auf rot
violett
grün und gelb
keine Angst mehr
vor der Liebe
Schmerz getilgt
auf Bogen blau
Schmetterlinge
breiten ihre Flügel

über das Grün der Erde hier
der Regenbogen aber leuchtet
in seinen Farben hell und schön
sein Anfang
und auch sein Ende
können nur die Seelen sehen

Abendrot

Gedanken

sinken sacht zur Erde

betten sich

in ein grünes Kleid

wenn am Morgen

der erste Sonnenstrahl sie weckt

wird im Gefühl

ein Lächeln sein

Wenn das Wasser des Sees
zu Eis gefriert
und Fensterscheiben
weiße Blumen zieren
der Wind
uns rote Nasen zeigt
ist der Sommer längst vorbei
doch
das Frühjahr nicht mehr weit

Der Regen tanzt auf dem Meer
weit weg vom lauten Land
hier trifft er auf seines Gleichen
schau nur
was für ein Regentanz
doch wenn die Sonne wieder lacht
und die Regentropfen zählt
schwebt hoch am Himmelszelt
ein Wolkenparadies

Unzählige Worte

sagen nichts

so lang nicht

die Liebe erzählt

Die bunten Bänder der Seelen
berührten einander
was für ein Farbenspiel
das Grau des Seelenhimmel
war verzogen
die Sonne
hatte es gelb gefärbt

In den Flammen eines Meeres

Stille

die im Kern Geborgenheit lebt

die Welt

ist dann keine andere

doch sie kann erzählen

von dem

was einmal war

Auf dem Seelengrund

alte Schiffe

aus längst vergangen Tagen

liegen da nicht

um auszuruhen

neues Land

ringt sich um sie

weil niemand sich traute

sie hochzuholen

doch sollte es einer schaffen

sein Mut

soll Wegweiser sein

für alle die

die noch warten

nichts

wird einfach gut von allein

Seelenfarben

glänzen hell

rot und grün

blau und gelb

manche Farben

erzählen schnell

vom Leben

auch von der anderen Welt

mancher Mensch

versteht es nicht

jedoch

die Seelen finden sich

In die Seelenhaut tätowiert

ein Name

alt wie ihre Welt

Buchstaben verwischten

durch die Zeit

doch

eine Träne schon genügte

den Namen aufblühen zu lassen

alles auf Anfang

Erinnerung

singt ein Lied aus alten Tagen

es klang so neu

schmerzte es auch

sie fühlte

es wird eine Zeit kommen

sie würde nichts vergessen

doch

sie würde erblühen

und er

würde auch glücklich sein dürfen

würde

er sie verstehen

wenn

sie ihm nah genug wäre

würde

er mit seinen Augen sehen

wenn

sie ihm erzählen würde

könnte

er wirklich vergessen was war

auch

wenn sie ihn doch

daran erinnern würde

würde

er alles auf die Liebe setzen

auch

wenn Freundschaft

anklingen würde

würde

er sie verstehen

sie wünscht es sich so

Wenn

Fragen verstummen

weil

Küsse antworten

wenn

Zweifel sterben

weil

eine Hand streichelt

ist das Liebe

es ist ein Manöver

um nichts zu sagen

das wichtig wäre

Seelengefühl entscheide richtig

Unsere Seelen
berührten einander
es war eine Zeit der Veränderung
leise und manchmal laut
Worte wie Pfeile
flogen durch die Zeit
verletzten auch unser Seelenkleid
Narben erzählen noch manchmal
doch was bleibt
ist ein Gefühl
das Heilung heißt
dafür
sollten wir dankbar sein
nur so
dürfen wie die Liebe spüren

durch unsere Seelen

die in uns wohnen

sie erzählen vom jeweils anderen
der es wert sein sollte

ihm wirklich zu zuhören

an allen Tagen seines Lebens

eine Aufgabe für zwei

Freiheit

ist doch nur ein großes Wort

denn

es gibt sie nicht

der Lehrer

braucht seinen Schüler

der Musiker sein Publikum

der Maler braucht es auch

der Verkäufer

braucht einen Käufer

der Bauer braucht ein Feld

der Manager

braucht Mitarbeiter

und alle brauchen Geld

doch damit nicht genug

der Millionär

braucht auch zu essen

und vieles mehr

ich finde die Freiheit nicht

die viele beschreiben

vielleicht

machen Menschen

sich gerne was vor

Farbenfrohe Wände umgeben dich
und doch Stille darin
aufgetaucht vom Seelengrund
wann fühlst du dich bereit

Du stehst zu dir
doch
stehst du auch im Licht

Wie ein Regen
prasselte er in ihr Leben
Vorwarnung
kurz übersehen
Freude am Start
wie ein Vogel um sein Nest
so kreisten seine Gefühle
oft um die ihren
die Freiheit
die ihm so viel bedeutete
hatte er ihr
nicht wirklich zugestanden
und für ihn
waren sie wohl
auf einmal ohne Bedeutung

kein Wort des Verstehens

doch

sie hatte immer noch Fragen

an ihn

wird er mutig genug sein

und ihr noch in diesem Leben

die Antworten schenken

die ihr so viel bedeuten würden

Falsche Küsse in der Nacht
sie schmeckten bitter
wahre Gefühle eingestaubt
in der Genügsamkeit
der nächtlichen Runden
es brauchte
einen Engel auf Erden
er führte dich
auf deinen Weg zurück
nun blühst du auf
du glücklicher Mensch

Warum nur

konnte sie nicht einfach gehen

jedes Mal

dasselbe Lied

seine Komposition

war immer dieselbe

ein Happy End

war nicht zu sehen

warum nur

stellte sie sich immer wieder

bei ihm an

wo er doch scheinbar

so gar nichts fühlen konnte

vielleicht

war das die Antwort

auf ihre Frage
doch
wenn ein Mensch
sich selbst nicht leiden mag
wie könnte ihm
ein anderer zur Seite stehen
wie könnte ein anderer ihm
ein Gefühl schenken
diese Antwort
hatte sie noch nicht gefunden

Da sind Gedanken
da sind Gefühle
da sind Worte
welche bedeutend für uns sind
wir selbst
sind die Helden unserer Liebe
weil du mich immer achtest
und liebst
meine Flügel
nie stutzen magst
bleibst du für mich
mein zu Haus
weil wir immer ehrlich
miteinander sprechen
haben wir so viel

so fühle ich
Zeit für mich
dir einmal mehr
Danke zu sagen
Ich liebe dich

wie Wellen des Meeres

durchliefen sie

Gefühle der Einsamkeit

allein am Strand

wie traurig das war

nie vergessen und doch wahr

das andere Ufer

weit in der Ferne

sie lies es einfach hinter sich

und fragt sie sich heute danach

hört sie die Antwort nicht

was hatte sich schon geändert

in den vielen Jahren

außer

das die Einsamkeit

auch älter geworden schien

diese Worte

kamen wie Wellen des Meeres

zu ihr

durfte sie nicht sehen

konnte sie nicht fühlen

doch

musste sie wirklich verstehen

Wieso

stellten sich ihre Fragen

manchmal wie von allein

warum

hatte sie scheinbar

immer eine Antwort

auf alles und jeden

nur für sich selbst

da tat sie sich so schwer

gab es jemanden auf dieser Welt

der sie verstehen mochte

der die Träne sah

die sie so gern verstecken mochte

sie auffing

weil sie ihm etwas bedeuteten

und ihren Kummer wandelten

in ein Liebeslicht

Sie tauchte ein

in ihr Seelenmeer

und schwamm bis zum Grund

Vergangenheit

lag im Verborgenen

so lies sie sie ruhen

friedliche Stille nicht stören

und dann

sah sie alte Schiffe

umgeben von neuem Tun

Sonnenlicht schien ihr den Weg

durch das Wasser das sie trug

durch die Farben

die sich ihr zeigten

fühlte sie sich stark

sie tauchte auf

aus ihrem Seelenmeer

um wieder einzutauchen

sie empfand es so schön

das sie sich selbst

kennen lernen durfte

Schaut sie zum Himmel

fühlt sie eine Pause

vom Leben hier

schaut sie

den Wolken beim Reisen zu

und fragt sich

wo seid ihr nur

ihre Augen suchen

ihr Herz

sehnt sich manchmal

ihre Seele

ahnt wohl schon

die Antwort

kennt nur das Kind vom Sturm

Hindurch durch Scherben
über morsche Brücken
durch alle Unwahrheiten
war sie gegangen
nein
leicht war es nicht
doch es war ihr Weg
beklagen könnte sie sich
über diese
unendlich fehlende Liebe
doch bei wem
die
die sie nicht lebten
wollten nichts davon hören
und die

die sie auch lebten

da kannte sie nur einen

doch die Hoffnung stirbt zuletzt

das dem einen Menschen

den sie kennt

noch andere folgen werden

irgendwann

werden sie viele sein

Ich glaube nicht
dass das Leben bestraft
wenn man aus Liebe
seinen eigenen Weg wagt
doch ich glaube schon
dass das Leben schenkt
einen Kelch
der alles enthält
was man sich nur vorstellen mag
weil
man seinen eigenen Weg wagt
ich glaube
das Liebe belohnt
wenn sie ehrlich
und man sich traut

Wenn Erinnerungen
sich zeigen in farblosen Bildern
versucht sie sie zu ignorieren
weil sie liebt
wenn die alten Bilder
sich halten wollen
versucht sie
sie mit neuen zu verjagen
weil sie liebt
wenn Gefühle sich einstellen
die ihr gehören
nur ihr
dann fühlt sie sich selbst
wie noch nie
weil sie liebt

sie liebt

weil sie die Liebe fühlt

sie liebt

weil sie lieben möchte

sie liebt

weil sie sich selbst darin erkennt

und würde sie einer fragen

wie fand sie die Liebe

könnte sie ihm antworten

nur durch die Wahrheit

Da war dieses Augenpaar
suchend und doch leer
vieles blieb verborgen
es schaute in die Welt
doch sah es Liebe
sie fühlte Einsamkeit in ihm
leise streiften die Blicke sie
berührend
tief im Seelenmeer
wie ein Stein
der ins Wasser fällt
rollten die Wellen an sein Land
er erkannte sie
in ihrem Traum
besuchte er sie

sie gab

was sie geben konnte

zu dieser Zeit

und machte sie sich

doch Gedanken um ihn

noch nie gesehen

und doch erkannt

nie gesprochen

und doch so viel gehört

tief aus ihr wünschte sie ihm
Liebe

möge er einen Menschen

um sich haben

welcher sich ihm

von Herzen schenkt

damit sein Blick

nicht mehr wandern muss

und er sich in sich findet

Die Liebe lebt im Gefühl
sichtbar wird sie
durch ein liebevolles Tun
das wir uns
und anderen schenken
und durch die Wahrheit
die immer für Klarheit sorgt
um auf dem Weg der Liebe
weiter zu fliegen
oder
ihn auch erstmals zu finden

Auf dem Weg ins Leben
auch Steine aufgelesen
Tränen fanden ihren Weg
hinaus aus den Kanälen
und wandelten sich
im Sonnenschein zu Perlen
der Rasen war grüner
der Himmel blauer
auf dem Weg ins Leben
hat sie sich gefunden
ohne ihn
hätte sie sich auch gefunden
doch hätte sie es
zu diesem Zeitpunkt
auch leben können

wahrscheinlich nicht

darum

dankt sie ihm

Eine Frage

kann man durch Trennkost

Zusammenhänge erkennen

wenn Gefühl

eine Festung ist

die uneinnehmbar scheint

braucht man Mut

doch man braucht auch

Selbstliebe

dann

wenn man erkennen muss

dass das andere Gefühl

nichts von Liebe weiß

muss die Selbstliebe

uns den Weg zurück finden lassen

um wieder glücklicher

sein zu können

Leichter Schneeflockenwirbel

weiße Schneeflocken

setzten sich auf ihr Haar

ihre Locken

geziert mit glitzernden Sternen

seichte Wellen

kamen zum Strand

fanden sich wieder

zwischen Steinen und Sand

ein kleines Café

lud zum Verweilen ein

sie ging hinein

und trank eine heiße Schokolade

schaute dabei aus dem Fenster
hinaus auf das Meer

und fühlte das Freiheit

nicht das Glück war

das sie bereit war zu behalten

ein Lächeln auf ihrem Gesicht
stellte sich ein

denn sie erkannte für sich

das Liebe mehr war

als allein am Meer zu tanzen

Manchmal

an trüben Tagen

die der Seele

Geschichten erzählten

von Unklarheiten

brauchte sie mehr Geborgenheit

sie suchte Halt

in schönen Gefühlen

welche ihr immer wieder

Liebe schenkten

weil sie die Wahrheit

so sehr liebte

und aus den trüben

wurden sonnenreiche Tage

Wenn die Stille spricht

im Angesicht der Achtsamkeit

sich nicht kehrt ins Laute

weil dort nichts zu finden

was ihrer Seele dienlich

hört sie immer wieder

die Worte der Liebe

sie fließen in sie

in ihr Seelenmeer

gefüllt

mit schönen Augenblicken

die erkennen lassen

genau das ist es

was meine Seele braucht

LIEBE

doch weil sie von noch nicht

vielen gelebt

steht sie oft allein

und fragt sich manchmal schon

ob es richtig ist

LIEBE zu leben

dann schaut sie auf die

die sie bereits verlassen

weil es sie bei ihnen

mehr als fröstelte

und weiß wieder

alles gut und richtig getan

weil doch nur die LIEBE zählt

Auf dem Fensterbrett
saß eine Taube
sie schaute
durch Glas ins Zimmer
gurrte
und bewegte kurz ihr Gefieder
so als wollte sie sagen
kalt in diesen Tagen
sie schaute ins Land
auf die kargen Baumkronen
deren Geäst
nun nackt zum Himmel ragten
ihre Augen dabei munter
und wachsam
so wie die ihrigen

sie schaute zur Taube

und erfreute sich

an ihrem Besuch

dabei tippte sie zaghaft

ans Fensterglas

die Taube drehte sich zur ihr

und schaute

ging ein paar Schritte zur Seite
und blieb auf dem Fensterbrett

es sah so aus

als plusterte sie sich auf

und ein Gefühl von Frieden

wohnte in ihr

und in ihr

doch

als der erste Regentropfen fiel

öffnete sie das Fenster

die Taube blieb

und sie schauten gemeinsam

auf das Land

es schien

als ob ihre Augen erzählten

warm in diesen Tagen

Lach so laut du kannst
schreie in die Welt Freude
halt den Menschen
der sich dir in Liebe zeigt
sei wieder Kind
sei einfach nur Du
singe Lieder im Sonnenlicht
wenn am Abend die Sonne
das Meer dann küsst
halte
deinen liebsten Menschen im Arm
von Angesicht zu Angesicht
dürft ihr erzählen
doch auch ohne Worte
werdet ihr verstehen

die Liebe

die eure Welt größer

und schöner sein lässt

Es fielen dunklen Perlen zu Boden
verliefen sich in alle Winde
die Hoffnung blieb
nicht unbeantwortet
ihr Grün
durchbrach das kalte Eis
die Kraft
wächst mit jedem
guten Gedanken
und im Gefühl
ein wärmendes Licht
das sich zeigt
durch ein liebevolles Lächeln
auf dem Gesicht
Liebe

war was gefehlt
an jedem einzelnen Tag
bunte Perlen schmücken sie

Manchmal schon

trat ihre Mitte

einen Schritt zur Seite

eine seiner Tränen bewegte sie

der zugezogenen Vorhang

zur Seite geschoben

fühlte sie nicht Liebe

nur

eine narzisstische Verlegenheit

seine Antwort wohl

auf sein Verlangen

das sie nicht stillte

zu keiner Zeit

so musste er lernen

positive Wegen zu gehen

Floßfahrt

wildes Wasser

spülte uns durch die Lande

an den Ufern stille Welt

Abenteuer

im kleinsten Stil

und doch so groß

wir hielten uns wie nie zuvor

und erkannten uns

ein jeder für sich

und wir fühlten auf dieser Fahrt

was uns verband

Liebe

Nebelbänke

schweben höher

ganz hinauf zum Sonnenlicht

wunderbare Erde

zeigt nun ihr Gesicht

grüner Gürtel

stolz steht er da

in seinen Zweigen

raschelt der Wind

und an manchem Tag

dann sogar

erzählt er Geschichten uns

wir lauschen und liegen

auf grünem Moos

Augenblicke der Stille sind so groß

wenn

wir sie mit Liebe begrüßen

Das Grau des Tages
es ruht nun schon
die Sternlein blinken hell
silbern scheint
die Sichel des Mondes
und alles Leben schweigt still
um ein wärmendes helles Licht
das Herz und Seele leise berührt
so wie du mich

Das Laute

wandelt sich in Stille

sie schaut

durch geschmücktes Fensterglas

schaut in den weiten Himmel

der ganz besondere Farben trägt

Erinnerungen

klopfen leise an ihre Seelentür

darf sie ihnen Eintritt gewähren

wer weiß das schon

außer ihr

weißer Flockenwirbel

schwebt vom Himmel

bedeckt den blätter losen Wald

der einfach nur

Baum an Baum gereiht

sich dem Himmel zeigt

und ahnt

es gibt ein Wiedersehen

mit all den Farben

die der Frühling wählt

in jedem Jahr wieder

und sie

sie schaut

durch geschmücktes Fensterglas

ein leises Lächeln

auf ihrem Gesicht

da eine Schneeflocke

strandet auf dem Fensterbrett

sie bleibt liegen

und erzählt ihr

von einem Menschen

der sich fragt

wie es ihr wohl geht

die Seelentür

schließt sich leise

die Erinnerungen

gehen zurück auf ihre Reise

ohne Wiederkehr

Stille in ihr

und schaut sie durch das

geschmückte Fensterglas

sieht sie so viel

durch ihr Gefühl

es wird sie geben irgendwann

die neuen

schönen Erinnerungen

sie werden erblühen

irgendwann

keine Frage

kommt bei ihr an

denn

die Antwort ist schon da

sie lebt in ihr

LIEBE

Was zählt die Welt

wenn du den einen triffst

dich anlehnst

an sein liebend Herz

und deine Augen versinken

in zwei stürmischen Seen

die es gestern

noch nicht zu geben schien

du

für diesen Menschen das bist

was er sich immer ersehnt

und wünschte

was zählt die Welt

wenn das geschehen

was ein Wunder ist

Früher

hatte sie keine Streitkultur

sie rannte geschlossene Türen ein

nur ihr Wort hatte Gewicht

die nichts von ihr wissen wollten

ihnen folgte sie gewiss

heute

ist sie bei sich

sie lernte Liebe

in ihrem halben Leben

und nun wird sie geprüft

ihr wacher Verstand

ihre Schlagfertigkeit

ihre Gefühle

sie geben vieles preis

gebt acht

seid ihr noch nicht so weit

ist Schmerz vorprogrammiert

sie kennt alles und nichts

sie fühlt alles

und ist dein Wort verkehrt

sie wird es dich wissen lassen

doch

ist es wahr

ist sie dein bester Freund

denn in ihr wohnt

Liebe

Du lebst
du lachst
und auch wenn du Fehler machst
sie gehören dazu
wichtig ist doch nur
du erkennst sie
und stehst dazu
kehrst um auf den Weg der Liebe
was kann dir dann
schon geschehen
nichts
was du nicht lösen kannst
mit deinem liebend Herz
das gehüllt
in deinen warmen Seelenmantel

wenn es draußen kälter ist
sprich mit ihnen
sie warten auf deine Worte
die Heiligen
die im Himmel wohnen

wenn du nicht einschlafen kannst
beginn zu lachen
wenn du nicht weinen kannst
erinnere dich
wenn du nicht vergessen kannst
geh an die frische Luft
wenn du Angst verspürst
sprich darüber mit einem
dem du vertraust
doch wenn du nicht fühlen kannst
was dich bewegt
tief in deinem Seelenmeer
geh in die Stille
und lausche deiner Seele

Es sind doch die einfachen Dinge
die die Herzen erfreuen
und die Seelen erstrahlen lassen
ein freundliches Wort
eine liebenswerte Geste
ein guter Wunsch
in ihm wohnt die Liebe
sie wandelt so durch die Welt
und lässt in jedem der sie berührt
ein schönes Lächeln zurück
und ein Samenkorn
aus dem nur Gutes erwächst

Wenn der Elfen bunte Kleider
wehen leicht im Sommerwind
wenn die Engelsherzen leuchten
nachts
hinterm großen Sternenzelt
wenn nur die Gedanken auch
einfach gut geordnet sind
erfreut das alle Welt zugleich
besonders aber die Engelswelt
denn des Nachts
man sah es schon
sandten sie das Licht
schnell flog es doch nicht vorbei
ein Wunsch erfüllte sich

Deine Lügen sind so schlecht
sie bemerkt ein jedes Kind
doch meines
ganz besonders schnell
weil es dich nun kennt
es ist dein grinsen im Gesicht
schlimmer noch dein Gefühl
der
der die wahrheit spricht
der schämt sich nicht dafür

Es ist die Ausdrucksweise

meiner Seele

wenn sie lächelt

weil sie liebt

es ist ihr ein Vergnügen

sich zu zeigen

wie sie wirklich fühlt

Worte

die ehrlich wider klingen

nimmt sie gern an

die anderen

lässt sie durchmarschieren

Durchgangszimmer

gelassen und doch mutig

nichts hält sie auf

an keinem Tag

alles ist in ihr gewachsen

doch die Liebe

wollte sie leben

immer schon

die Liebe

an mich weitergeben

seit Kindertagen

gelungen

ich weiß es nicht

doch ich glaube schon

und danke sage ich ihr

das sie in mir wohnen möchte

seit sie zur Erde kam

Das Frühjahr

drängt mit Kraft heraus

der Sommer

schau er lacht

der Herbst erzählt

in bunten Farben

der Winter

spricht ganz leise

in weißer Pracht

erstrahlt die Welt

an manchen Tagen

zu gefroren der See

Schlitten überqueren

des Wassers Tiefe

und in vielen Herzen

wohnt die Liebe

Manchmal

gibt es Tage

da fragt sie sich Dinge

deren Antworten sie nicht findet

warum

fragt nicht alle Welt nach Licht

weshalb

schenken Frauen

der Welt Kinder

und kümmern sich nicht

wieso

fahren irgendwo noch Panzer

und fliegen Raketen

warum

verhindern wir das nicht

manchmal

gibt es Tage

da fragt sie sich Dinge

deren Antworten sie nicht findet

warum

fließen so viele Gelder

in Aufrüstung und Krieg

weshalb nicht in Frieden

und Brot für die Welt

wieso

fragen sich das manche

immer wieder und andere nicht

und warum

wird nichts dagegen getan

allein schaffen wir das nicht

warum

möchten manche Menschen immer
nur haben

und andere geben zu viel von sich

warum

gehen manche von früh bis spät
nur arbeiten

und andere

suchen nicht danach

wieso

sind so viele Lügen

glaubhaft verpackt

und warum

fällt das nicht allen auf

manchmal

gibt es Tage
da fragt sie sich Dinge
deren Antwort sie findet
Liebe

Es waren

zu viele Differenzen

Missverständnisse

Wortgefechte

sie schossen ein

wie Giftpfeile

einer um den anderen

Rückzug

kein Vorwärts mehr

es gibt Zeiten

da ist der Schritt zurück

und

eine andere Richtung gewählt

das was einem am Leben hält

Der Seelensee

er spiegelt das Grün der Bäume

das Ufer

an dem wir stehen

in seinen Tiefen gottgeborgen
alte Schiffe

die einst versunken

in tiefer See

heute Seediamanten

wir trauten uns

weit hinein zu tauchen

hinein mit Licht

kraftvoll gehen wir

in Liebe unserer Wege

du und auch ich

Von Marion Jana Goeritz ebenfalls
beim Verlag BoD erschienen (BoD
Books on Demand, Norderstedt, nähe-
re Informationen finden Sie unter ww-
w.BoD.de)

„Liebe für die Seele Band 1"
ISBN 978-3-7357-4045-8

„Liebe für die Seele Band 2"
ISBN 978-3-7357-7734-8

„Seelenweiß"
ISBN 978-3-7347-5769-3

„Seelen essen Liebe gern"
ISBN 978-3-7347-8706-5

„SeelenEngel" ein spiritueller Erfah-
rungsbericht
ISBN 978-3-7386-2588-2

„SeelenSchlüssel"
ISBH 978-3-7386-3844-8

„Seelenfarben"
ISBN 978-3-7386-3947-6

„Seelenschimmer"
ISBN 978-3-7386-4014-4

„Seelenfinden"
ISBN 978-3-7386-4037-3

„Ein Gefühl meiner Seele"
ISBN 978-3-7386-1506-7

„Seelenfrieden" Danken, Bitten, Ent-
spannung ein persönlicher Erfahrungs-
bericht
ISBN: 978-3-7386-4884-3

„Seelenweihnacht"
ISBN: 978-3-7386-5616-9

„Im Land unter dem Regenbogen"
Wunderbare Märchen und unglaubli-
che Geschichten
ISBN: 978-3-7392-0115-3

„Freddy und seine Geschichten"
ISBN: 978-3-7386-3321-4

„SeelenWorte"
ISBN: 978-3-7392-0455-0

„Herzanker"
ISBN: 978-3-7392-3482-3

„Im Fluss der Liebe"
ISBN: 978-3-7392-3489-2

„Seelenklänge"
ISBN: 978-3-7392-3532-5

„Liebeslied"
ISBN: 978-3-7392-3548-6

„Wahre Traumtänzerin"
ISBN: 978-3-7392-3556-1

„Emilia Sommerfeld"
ISBN: 978-3-7392-3787-9

„Für mich war es Liebe"
ISBN: 978-3-8423-5362-6

„Kaleidoskop"
ISBN: 978-3-8423-5738-9

„Die verzauberte Wiese"
ISBN: 978-3-7412-0772-3

„Seelenbrücke"
ISBN: 978-3-7412-0890-4

„Wetterleuchten"
ISBN: 978-3-7412-2740-0

„Zentrifuge"
ISBN: 978-3-7412-4011-9

„Für Dich"
ISBN: 978-3-7412-4018-8

„Hannos Geschichten"
ISBN: 978-3-7412-9373-3

„Das Eulenherz"
ISBN: 978-3-7431-0009-1

„Eine Reise irgendwo hin"
ISBH: 978-3-7421-0042-8

„Ist das wirklich wahr?"
ISBN: 978-3-7431-1549-1

„Stille Momente"
ISBN: 978-3-7431-1586-6

„Engelszwirn"
ISBN: 978-3-7431-1594-1

„Anders"
ISBN: 978-3-7448-3582-4

„Wenn es spricht"
ISBN: 978-3-7448-3583-1

„Jonas und die Himmelsleiter"
ISBN: 978-3-7448-5452-8

„Farbenregen"
ISBN: 978-3-7448-5453-5

„Wellenfarbe"
ISBN: 978-3-7448-7311-6

Blanchefleur
ISBN: 978-3-7448-7415-1

„Winterzauber"
ISBN: 978-3-7448-9885-0

„Seele was denkst du dir?"
ISBN: 978-3-7448-9937-6

"Der Südwind
der aus dem Norden kam"
ISBN: 978-3-7448-8206-4

"Erinnerungsblick"
ISBN: 978-3-7460-1281-0

„Mosaik" Gefühle und Gedanken
Gedichte
ISBN:978-3-7460-1320-6

„Begegnung"
ISBN: 978-3-7460-9595-0

„Sternenozean"
ISBN:978-3-7460-9685-8

„Himmelsstern"
ISBN: 978-3-7528-5012-3

„Mut verspricht Lebendigkeit"
ISBN: 978-3-7528-5071-0

„Liebeswort-Gedichte"
ISBN: 978-3-7528-6639-1

Weitere Informationen zu Neuerscheinungen finden Sie immer auf meiner Seite

www.buchkaleidoskop.Reikipraxis-Goeritz.de